AF575997

La soledad de un cuerpo acostumbrado a la herida

Elvira Sastre

La soledad de un cuerpo acostumbrado a la herida

Prólogo de Joan Margarit

Obra editada en colaboración con Editorial Planeta – Colombia

Bajo el sello editorial SEIX BARRAL M.R.
Avenida Presidente Masaryk núm. 111,
Piso 2, Polanco V Sección, Miguel Hidalgo
C.P. 11560, Ciudad de México
www.planetadelibros.com.mx

Primera edición impresa en Colombia: marzo de 2026
ISBN: 978-628-7816-39-8

Primera edición impresa en México: abril de 2026
Primera reimpresión en México: abril de 2026
ISBN: 978-607-39-4069-6

Impreso en los talleres de Operadora Quitresa, S.A. de C.V.
Calle Goma No. 167, Colonia Granjas México, C.P. 08400, Iztacalco, Ciudad de México.
Impreso en México – *Printed in Mexico*

PRÓLOGO

Un poeta o una poeta joven es siempre una incógnita. Si empieza mal, como aquel que un día me visitó y comenzó diciendo que *él no leía poesía para no contaminarse*, puede ser que un año después haya experimentado un cambio rotundo, brutal a veces, y comience una singladura de gran poeta. Si empieza bien, quién sabe qué turbulencias le esperan: la relación de la poesía con la vida es tan intensa, para bien o para mal, que nunca bastará con la imprescindible condición de llegar al mundo con el pan de la inspiración bajo el brazo. Pienso que, a la larga, nada acabará valiendo si uno no le ha dedicado su vida entera. De los estantes de mi biblioteca ya no bajan, por mucho que se mantenga su respetabilidad, los Rimbaud o los Gil de Biedma. A mano en las mesas y mesitas de noche, de aquí para allá, siempre más a mano, están los poetas que, como Baudelaire o Juan Ramón, escribieron hasta la muerte. Capto en ellos un plus que no sé describir, una fuerza que no está en la perfección de los que abandonaron.

No puedo saber lo que hará Elvira Sastre con su vida, pero sí sé que ahora es una espléndida poeta joven que despliega con fuerza su personalidad y que en este libro de original y hermoso título demuestra poseer no sólo el atributo de la inspiración, sino la conciencia de que esa inspiración es sólo el comienzo del trabajo y el esfuerzo cuyo rendimiento es el más dudoso socialmente hablando.

La soledad de un cuerpo acostumbrado a la herida es un libro que cumple con las exigencias de precisión y concisión necesarias para que la poesía sea la más exacta de todas las letras, como las matemáticas lo son de todas las ciencias. Un diálogo sentimental más duro que desgarrado, con la lucidez y el sentido común que protege la poesía de la retórica y des- plegándose sin concesiones ajenas a su preciso objetivo. De hecho, un largo poema que nos conduce con una reposada contundencia, seguro de sí mismo, hasta su final sin bajar ni la guardia ni el nivel de expresión, sin acudir al recurso de la repetición de imágenes para expresar lo mismo, esa pesadez a veces tan común y explicable en la poesía de los jóvenes. Ampliando o adelgazando el verso pero nunca gratuitamente, para utilizar al máximo los recursos claros y austeros de los que se ha propuesto disponer.

Un amor de verdades desnudas que sin efectos especiales se va describiendo a sí mismo sin falsedad. Del drama en sí pero sin dramatismo surge verso a verso la belleza a la vez que lo implacable de la historia, que nunca deja, en el momento oportuno, de dar paso a la ternura, junto al daño y el gozo y ese canto a la libertad que respira todo el libro. Un largo poema iniciático para alcanzar el conocimiento de que el amor necesita al dolor y el dolor al amor para la dignidad de ambos.

He leído este libro de Elvira a poco de entregar a la editorial Igitur la traducción que mi nieto Eduard Lezcano y yo hemos llevado a cabo del magnífico *Stag's Leap* de la gran poeta norteamericana Sharon Olds. Una crónica de una separación, de un abandono, pero éste a los sesenta años. No he podido asombrarme de mi suerte: dos libros de poesía absolutamente distintos en su razón de ser, su planteo, su forma y hasta, si se me permite, en su objetivo. Dos poemarios de dos mujeres en los extremos opuestos de sus vidas adultas, de su formación y su madurez, pero con el tema único, inacabable, de la soledad, de la resistencia frente a la desolación. Sharon no puede leer en español y difícilmente leerá a Elvira, pero Elvira no debe perderse a Sharon. Y yo, el más feliz de que las dos me hayan permitido llegar tan cerca de su poesía.

JOAN MARGARIT

Sant Just Desvern, 27 de noviembre de 2016

Dime, mi amor,
que nada de esto ha sucedido.

Y porque ya no espero compañía,
porque ya tuve corazón y muerte,
por eso me defiendo en la tristeza.
Por eso me sorprendo cada día
llevando a sus orillas —y sin verte—
una nueva corona de firmeza.

JAVIER EGEA

Muerte es que no nos miren los que amamos,
muerte es quedarse solo, mudo y quieto,
y no poder gritar que sigues vivo.

GLORIA FUERTES

Mira el jilguero. No es nada:
miedo y plumas.
Sin embargo, escondido entre las ramas,
puede hacer que cante un árbol.

JOSÉ MATEOS

LIBRE

No me da ningún miedo que me pisen.
Cuando se pisa, la hierba se convierte en sendero.
BLAGA DIMITROVA

Quería que supieras
que mi daño es algo que sólo elijo yo.

Que me dejo mecer por tus empujones
como si fueran viento que me coloca lejos de ti
porque todas mis puertas están abiertas
y yo soy libre.

Que el odio
es el disfraz de una piel, el reverso de un cuerpo,
y desde otro lugar
tu cara se intuye del revés,
perdida,
y no hay nada peor que sentirse olvidado
dentro de uno mismo.

Que tus intentos de quebrarme el paso
sólo consiguieron hacerme pisar más fuerte,
y cuanto más lejos te colocas
más cerca estoy de mí misma.

Que quisiste taparme los ojos
y hundirme,
pero mi mirada está más cerca del mar
que de tu suelo.
Y te lo repito:
soy libre.

Que sólo aquel que entiende mi silencio
merece mi palabra,
y tú hace tiempo que dejaste de comprender
que la diferencia entre un hogar
y un sitio al que volver
sólo es una puerta abierta.
Tu puerta cerrada
es la entrada a mi casa.

Que quisiste quitarme todo
y te quedaste sin mí.

Que mi risa fue tu risa
y nuestras lágrimas fueron una,
pero dejaron de hablar el mismo idioma
cuando tus carcajadas
fueron balas contra mi pena,
cuando tu tristeza
arremetió ahogada contra mi alegría.

Que siempre colocaré la verdad
frente a mis huellas,
que no daré respuestas
a quien no acepta mis preguntas,
que no iré a aquel lugar
en el que no me reconozca,
que no daré la mano
al que me señala con el dedo.

Que nunca me perdiste:
dejaste que me marchara,
que es la peor forma que existe de abandono
—para el que se queda—.
Y este será tu mayor castigo.

Pero no,
no diré nada que enturbie mi paz,
que moleste la duna calmada
que descansa en mi conciencia.

Mejor me voy
sin decir nada que no sea un espacio hueco
—lo que te mereces: nada—,
porque irse en silencio hace más ruido
que cualquiera de tus quejas.

Y yo ya he pasado de canción.

EL AMOR EN UN BOTE DE CRISTAL

La soledad es mirar a unos ojos que no te miran.

Llega entonces ella, disfrazada
de pájaro, árbol y viento,
llega entonces ella, disfrazada,
atrapa una lágrima con el dedo
y la mete en un bote de cristal.

Añoro el mar,
alcanzo a decir.

No quedará hueco en el mundo en el que no existas,
me dice,
no existirá lugar alguno en el que
no te mire.
Montañas, sauces, telas de araña,
en todos tejo tu nombre,
en todos coloco tu cuerpo frente al daño.
Te llevaré, acaso,
ante el precipicio,
habré de empujarte y cogerte la mano

para que me creas.
Y sólo entonces si desvío la mirada
hacia el fondo,
inquieta por lo que allí te espera,
te diré que no puedo compartir mi dolor,
que el viento me lleva a otro sitio,
que el silencio es el único lugar
en el que me quedan palabras;
que he de soltarte
para poder cogerme,
que me voy, amor,
que te quiero y que me voy queriéndote
para no quererte nunca más
y olvidar las montañas,
y los sauces,
y las telas de araña
y tu cuerpo frente al daño
que me espera ahora en otros lugares.

Y así, con el dolor de lo inevitable,
recogerás con el dedo la misma lágrima
que hoy me quitas
y volverás a dejarla sobre mi rostro,
esta vez
en la otra mejilla.

La soledad es mirar a unos ojos que no te miran.

ENSUEÑO

El tiempo sucede tranquilo.

Hay un latido en la alfombra
que descansa ajeno a su vida:
responde a cualquier nombre
que le hable con cariño.
Me pregunto si habrá respuestas en sus ojos,
si acaso piensa en quién es,
si sabrá que en su mirada
está mi vida completada.

Yo le hablo
y en él las horas son días.
Yo le miro
y él abre mi camino.
Él es mi baile y no sé si lo sabe.

Hay otro latido reposando aquí a mi lado
que no se llama rutina,
quizá ensueño se acerque
más a sus manos pequeñas.

Puede que no entienda que mi tarde descansa
cuando ella sueña,
que me bastan los balcones
o que me vuelve el sueño tan fácil
que me cuesta regresar a ese otro lugar.
Cuando la vida se vuelve tan sencilla
sólo hay que imaginar la lluvia.

Aquí, el tiempo sucede tranquilo.
Ellos duermen.
Y yo imagino la lluvia
y dibujo dos rayos en sus ojos.

AMARRADA

No es el frío,
ni la lluvia,
ni el invierno colándose por la ventana,
ni las calles desiertas,
ni el viento barriendo lo que queda de mí
una madrugada cualquiera.

No es esta ciudad descolocada,
ni un grito a destiempo,
no es que la soledad me obligue a extrañarte
y no sepa qué hacer con estas manos vacías,
con esta nube que amenaza mi puerta.

No es que tema estar perdiendo mi horizonte,
reducirme en otro cuerpo
incapaz de ser mi océano,
desconocerte por momentos
y reconocerme en ellos.

Es, simplemente,
el espejo,

el silencio,
la cama vacía.

La
pregunta
que
sólo
es
pregunta.

SPUTNIK

No fue un sueño, lo vi: la nieve ardía.

ÁNGEL GONZÁLEZ

Incluso al otro lado existe el mar.

¿Qué diferencia hay entre
el viento y un suspiro de tu boca?
¿Qué puede darme la tierra que
no haya visto ya sobre tus manos?
Si no hubiera cielo que observar,
¿sería capaz de enamorarme?

Insisto:
incluso al otro lado existe el mar.

ESTRELLA FUGAZ

Tal vez amar es aprender a caminar por este mundo.

OCTAVIO PAZ

Hay una tristeza propia de las cosas
que las hace bellas
y no quiero llegar a comprender nunca.

Hoy he tenido un sueño triste
he despertado en una cama ausente,
en unas sábanas blancas y tristes,
y en el balcón mis plantas me miraban tristes.

He salido a la calle y era pronto.
Los domingos por la mañana
Madrid es hermosa y duele:
pasearla así ha sido como ver una estrella fugaz,
y me ha parecido todo tan triste
que me he puesto la canción más triste de mi cabeza
y he deseado la soledad.

Me he acordado
de este olvido mío
y he maldecido el paso del tiempo por un momento;
después he leído que la mujer de Cortázar
tenía los ojos azules y apenados
y el mundo se ha vuelto algo más sencillo,
pero también más triste.

Los fantasmas también quieren flores,
pero la gente sólo tiene miedo.

He visto a una pareja sentarse separada
en el metro
con los ojos a un centímetro de distancia,
a una niña reírse a carcajadas de una verdad,
dos manos besarse en una terraza,
una tierra abandonada a través de una ventana
a alguien pensando en otra vida,
y me he puesto triste
al verme en todos ellos.

Después,
he vuelto a casa,
a mi refugio blanco y triste,
a mi paz en calma culpable,
al fin de cada comienzo,
y te he mirado, tranquila y bella
en el sofá y en tu universo
de estrella fugaz,
y he dejado toda la tristeza en la puerta.

LA ISLA

Te avisé sin prisa:
mi vida es una ventana abierta,
pero todas las puertas están cerradas.
Tú me miraste la mano y lo dijiste,
así,
con el mar entre los dientes:
no vuela quien tiene alas,
sino quien tiene un cielo.

¿Cuál es la diferencia entre la
soledad y el destino?

Me llamaste isla:
quisiste habitarme, hacer crecer tu piel
sobre mi tierra, deshacer
mi invierno protegido y alumbrar
el abandono elegido de la arena.
Pudiste quedarte, reposar
tu futuro sobre mis ruinas y hacer
quizá
castillos en el aliento que lancé
una y otra vez sobre tu nuca.

Pero no supiste verlo,
amor, no te diste cuenta
de que mi isla era ya una isla,
que tu boca no cabía en mi mar
y que en el cielo
no hay ventanas.

Nunca pudimos mirar
el reloj
a la vez.

Y ahora
el tiempo
es una ola llena de recuerdos
en los que tú ya no sonríes
y yo,
de algún modo que todavía no entiendo,
continúo a salvo.

VOY A PRENDERTE FUEGO

No me pregunto el motivo por el cual dormí con vos.
Tantas noches heladas, tantos fríos
que no supieron cómo.
Estaba herida y no podía moverme.
Supongo esa es la excusa de no haberme ido antes.

XOANA VÉLEZ

Voy a prenderte fuego.

Pero no, no será ese fuego nuestro
que nos calentaba las manos en las tardes eternas
ni tampoco ese que nos prendió el cuerpo
en aquel septiembre y excusó el frío.

No será el fuego en el que ardimos juntas
como los deseos en papel
ni aquel que marcó siempre nuestra vida
y ahora escondo en mi espalda para no ver la cicatriz.

De ese fuego ya no queda nada, no,
si acaso un recuerdo futuro que jamás tendrá nombre,

el polvo que me ensucia el pecho seco,
el dolor de las manos sumergidas en el agua helada.

Voy a prenderte fuego
en este infierno de llamas congeladas
sólo para ver, mi amor,
quién de las dos se consume antes.

LA PREGUNTA QUE TERMINA CON TODO

Me dijiste que debía
olvidar todo lo que me habías hecho
para que esto pudiera funcionar.

Y lo hice, amor, lo hice,
y olvidé también y sin querer
tu manera de acariciarme,
tu facilidad de hacerme reír,
tu esmero al limpiarme,
el amor al cuidarme,
y te olvidé a ti entre un daño
y otro,
olvidé sin querer.

Esa pregunta que termina
con todo:
¿puedes seguir enamorada de alguien
que has dejado de querer?

EL TIEMPO EN UN RELOJ DE ARENA

Quisiera huir ilesa del espejo
roto,
ser el pulso que descansa en la almohada
blanca,
llamarte sin miedo a que no lo cojas
nunca,
mirarme desde cerca y encontrarte
lejos.

Quisiera perder el miedo a este miedo
intacto,
sacar corazón y guardar bandera
al otro lado,
decir alto tu nombre y no encogerme
asustada,
pensarte como sueño y no una trampa
injusta.

Pero mis manos se abren y no hay nada:
sólo arena que se cae por mis dedos,
temor a no volver a ser quien era,

como el tiempo en los relojes,
como tus besos en este desierto
de sed.

Y con la valentía de un pájaro
herido
escojo quedarme y esperar:
me resisto porque tu hueco es un precipicio
y mis alas necesitan descanso.

BOSQUE INCENDIADO

Seguramente ya no te conozco,
porque en este abandono no eres más que un recuerdo,
el misterio de un hombre frente al propio dolor.
FERNANDO VALVERDE

Me duele un pasado que no cicatriza,
el chillido de un fantasma que
nunca se va.

Me duele el árbol que dejó de
mirarme,
la mano que ya no se mueve
para limpiar mi camino.

Me duele el daño que
me hicieron
en un todavía que se alarga,
como el tiempo que no cesa
y permanece,
como aquello
que se asume y no se lucha.

Me duele el abrazo que
quedó suspendido en el
aire, como
el sueño que no llega y se
convierte en pesadilla.

Me duele el adiós en la fiesta,
el dedo que señala,
la espalda que se pierde.
En un mundo atronador sólo
me quedó el silencio.

Me duele todo lo que se me cae
de las manos y
nadie recoge
porque todos se han marchado.

Aquí dentro descansa
un bosque incendiado
y caen, como gotas de ácido,
los recuerdos.

RUIDO

Si te marchas
hazlo con ruido:
rompe las ventanas,
insulta a mis recuerdos,
tira al suelo todos y cada uno
de mis intentos
de alcanzarte,
convierte en grito a los orgasmos,
golpea con rabia el calor
abandonado, la calma fallecida, el amor
que no resiste,
destroza la casa
que no volverá a ser hogar.

Hazlo como quieras,
pero hazlo con ruido.

No me dejes a solas con mi silencio.

EN ESTA CASA VIVIÓ FRIDA KAHLO

A Frida y al azul de su casa
en Coyoacán.
México,
noviembre 2015.

Te acordarás de mí cuando
despiertes
y compruebes que aquello que dije era cierto:
el lugar de una sombra sólo
lo ocupa otra sombra.

O quizás esta vez no
sea cierto
y no exista hueco para los cielos
en tus manos.

Este suelo ya no te arrastra, la
fuente suena para nadie, el color azul
se volvió grisáceo y duro como la pena
cuando no la alimentas y cae

como una roca afilada
sobre el espejo que sigue buscándote.

¿Acaso es posible predecirlo?
¿Sabrías tú que aquella sería la última vez que pintaras
una mirada?
¿Cerrarías los ojos y dejarías el pincel sobre la mesa, con
cuidado, y te girarías en busca de tu otra voz?

No hay silencio.

Dicen que esta casa ya no te habita,
que es un cementerio de polvo intacto y recuerdos
escritos que,
sin embargo,
pinta de azul el rostro de quien te busca.

Dicen que te fuiste, pero yo te he encontrado
en este mismo lugar,
en este país rugoso de nombre
extraño,
en este paisaje donde el abrazo
es un saludo y el amor colma
las calles de una manera extraña
y bella al mismo tiempo,
en este espacio que es herida y cicatriz, que comprende
mi dolor y no le asusta.

Yo te he encontrado
y el color azul
ha vuelto a pintar mi rostro.

EL MILAGRO

Si me quieres mirar
mírame,
pero así:

tocando
mi piel del revés
con las manos abiertas
como si no existiera obstáculo alguno.

Como si fuera un fantasma
y no pudieras sacar ni un verso
de mis ojos.

Como quien ya no cree
en nada
porque lo ha visto todo.

Mírame así,
y sólo entonces hinca las rodillas
y vuelve a suplicar el milagro.

EL HUECO QUE TE ACOGE

Me pregunto si mi nombre aún esconde
en tu memoria
la historia que nunca podrás olvidar.

Me pregunto qué piensas cuando
no quieres pensar en mí,
cuando pisas las hojas del otoño
volviéndolas arena y recuerdas tu promesa,
cuando te hablan con mi acento
y tienes frío y abrazas mi hueco que te acoge
como a un cachorro asustado
—ese vacío tan limpio
que merezco intacto por haberte ocupado en otra vida—.

Me pregunto si aún podría confundirte entre el viento,
igual que me pierdo a mí misma
cuando beso las palabras que me devuelven a tu boca.

Me pregunto si recuerdas aquel beso
—yo aún recuerdo cuando te recogí tras un orgasmo:
me acuerdo de cómo miré mis brazos

y pensé que no era posible que la vida fuera algo tan
fugaz—,
y con la sed de los que siempre vuelven me lamo la
herida,
y el escozor, cada vez más débil,
me recuerda que el amor existió en ese mismo punto de
mi cuerpo
en otro sueño.

He dicho tantas veces tu nombre
que he conseguido perderle el miedo,
pero no sé qué hacer con su rastro.
Seguro que me entiendes:
tú olvidaste el mío para recordar
pero ahora no puedes encontrar el camino de vuelta.

He asumido
que no fuimos más que dos personas
construyendo un recuerdo.
¿Cómo voy a querer olvidarte
si estamos hechas para recordarnos?

Tienes que saber
que vuelvo a ti cuando la vida me abandona,
como si quisiera recordar
que ya renunciaron a mí en otra ocasión
y eso me diera calma.
Quizás no me importe la soledad
porque fue lo único que me dejaste.

Estoy llena de ti.
Sigues viva y eso es extraño:
uno sólo habla con fantasmas.

Lo cierto es que no sé si prefiero tu silencio o mi ruido,
pero a veces deseo con fuerza que vuelvas para irte del
todo.

Decirte: «Estoy lista, mi amor,
pero ve tú delante: necesito dejar de mirar atrás».

Sé que tú ya no eres tú
y yo acaso me parezco a alguien que seré,
pero no consigo soltarte.

Y me quedo atrás.

Pero tienes que saber esto, también:
el amor dura lo que dura el aire
con el que te alzo y te impulso.

Ahora te escribo desde un olvido lejano,
casi tierno,
que me recuerda que una vez tuve estos mismos años
y quise comerme el mundo que se veía desde tu ventana.
Y aún no he logrado disfrutar de unas vistas mejores,
pero sigo con los ojos abiertos, buscando otra nube,
pendiente del aire que no te suelta,
y con las manos vacías, mi amor,
y con las manos expectantes.

EL DESIERTO DE MI ISLA

Soy una isla.

Todos quieren llegar,
traerse un libro,
algo de comida
y un amor.

Imaginan los árboles,
piensan en el mar que no se vacía,
son capaces de tumbarse sobre
mi arena
y ser ellos mismos
porque es terriblemente sencillo:
en mí no existen los espejos,
cuido con esmero la contracción del paisaje,
acaricio el pasado y los errores ajenos,
marco el camino y no el tesoro
y me mantengo siempre estática,
sin hacer ruido, sin causar peligro,
esperando el golpe con las palmas abiertas.

Es fácil querer llegar.
Querer quedarse es igual de fácil
que ahogarse en una gota
de agua.

Es así: todos quieren llegar
y, sin embargo,
todos quieren irse
en el momento en el que llegan.

Quizá sea por el olor a polvo que me cubre,
por el viento que va dejando partes de mí
en cada trozo de tierra que piso
y me devuelve incompleta a la orilla,
por el cansancio de mis ojos
que siempre están en otra parte
o, quizá, porque nadie quiere vivir
en un lugar deshabitado.

Nadie quiere estar en una isla desierta
cuando se hace de noche.

LA GOTA CHINA

Miro
las gotas que caen con vicio por la ventana
cuando llueve y llego a esta casa abandonada
de orillas,
y recuerdo
aquel método de tortura china
que consistía en inmovilizar a un preso
de modo que cayera sobre
su frente —a la fuerza culpable—
una gota de agua fría
cada cinco segundos
—los mismos que tardábamos en besarnos
por las mañanas—,
para abandonarlo después en un cuarto
sin luz,
con el cuerpo sin forma
y el alma hecha pedazos.

Dicen que las víctimas acababan muertas
debido a un cansancio
demente

que terminaba afectando al corazón
provocándoles un paro cardíaco.

Exactamente igual
que el efecto
que tienen nuestros recuerdos
cuando caen
—como esta lluvia del infierno—
gota a gota
sobre mi pecho.

ROSA Y MARIE

La pena es pura y sagrada,
y hasta en la muerte puede haber belleza si sabemos vivirla.

ROSA MONTERO,
LA RIDÍCULA IDEA DE NO VOLVER A VERTE

POR ROSA.
POR MARIE.

No volveré contigo a casa
ni dejaré flores a los pies de tu cama,
y cuando preguntes «¿qué pasó?»
te dirán que el viento fue más rápido.

Querrás correr hacia un lugar en el que no me conozcas,
tener unos pies
que desanden los andenes que pisamos a la vez,
arrancarte mis caricias
de los huesos,
decir otro nombre cuando tu boca me extrañe tanto que todo
te sepa a sal
y tengas tanta sed como miedo:
tu desierto estará lleno de puertas.

¿Lo entiendes?
La música será sólo otro ruido
y ya no podrás ponerle mi nombre al silencio
para darle voz.
Tu despertar será una nota
a destiempo.
Tu sueño,
un duelo contra ti misma.
El tiempo,
un reloj parado.

No te asustes:
sentirás que el mar es tu única
herida
porque ninguna otra salida será capaz de
abarcar tanto desahogo.
Pensarás que merezco el ardor
porque una vez fui fuego
en tus pupilas
y ya no puedes deshacerme.
Soportarás mi peso sobre tu
espalda como un último intento de alcanzar el sueño.

Tú suplicarás un alto al fuego.

Yo estaré tan vivo que tus recuerdos
me olvidarán.

Mi amor,
yo me iré

y tú sabrás cuidar las flores
que ya no te regale,
escribirás sobre todos mis huecos
cuando descubras
que mi peso reside en el aire que mueves en las calles
y en las comisuras alzadas de tu boca
y en las cosas que aprendas sin mí.

Te levantarás sin mi mano
y el suelo no volverá a extrañarte,
y entenderás
que mi ida sólo fue un empujón a la espalda de tu vida:
sé uno por los dos.

No te asustes:
volverás a descubrir el sueño
detrás de las flores
y conseguirás ser la luz de tu futuro.

Tú volverás a mirarte en el espejo
mientras alguien te lame mi herida.

Yo me quedaré en tus ojos
y en la punta de tus dedos
y en todas esas cosas que dejes de recordar.

Así será.
Yo no estaré.
Tú, pronto, te irás.
Pero siempre *seremos uno* el tiempo que dure el recuerdo.

Pero siempre seremos uno el tiempo que dure el recuerdo

LO PEOR DEL ABANDONO NO ES EL SILENCIO, ES LA PUERTA ABIERTA

¿Qué saben del amor quienes confunden
arrojarse al vacío con volar?
BENJAMÍN PRADO

Pienso en irme,
en abrir el puño y dejar que el viento sea viento,
soltar el ancla que retiene la ola, mirar con los ojos,
mojar con saliva las flores que descansan en mi espalda,
acariciar por última vez el instinto que me lleva
continuamente a otro
lugar en el que no me encuentro.

Pienso en irme,
y en las respuestas que son al mismo
tiempo pregunta y excusa,
en el miedo que se desvanece al abrazarme,
en ese espejo que habla por mí y me enseña
un idioma que sólo comprendo
cuando dejo de escucharlo.

Pienso en irme,
en colocarte aquí en un rincón bajo la luz
de otra memoria,
allí donde los sueños que no suceden
esperan su momento y el león
descansa entre rugidos.

¿Pero a qué lugar te lleva la habitación
que dejas atrás
si la puerta se queda abierta?

TRANSIDO DE PALABRAS

Pero tu intención de ir te llevó donde querías,
lejos de aquí, donde estás diciéndome:
«aquí estoy contigo, mira». Y me señalas la ausencia.

PEDRO SALINAS

No me queda ya mucho más que decirte,
pues esta nube arruga mis dedos
por momentos,
salvo que llegó a casa una carta a tu nombre
—fingí tu firma y el cartero, amable,
disimuló mi tristeza—;
que la comida
se acumula pero el hambre no termina,
que no sé qué hacer con tanto ruido
—recuerdo cuando partías
el silencio con tu risa y todo,
entonces, era cuestión de adelantarse—
y que las palabras me duelen,
amor.

No quisiera que pensaras
que no te pienso
porque no te escribo.

Es sólo que ahora he de hacer hueco
a tu ausencia en mi refugio,
y no sé si estoy preparada para colocarla
al lado de un poema
que cuente de algún modo
que no duela tanto,
cómo desapareciste
al abrir los ojos.

Prefiero cerrarlos que ver esta puerta
cerrada
cansada ya de tantos portazos.

EL VUELO VENCIÓ AL VIENTO

No voy a decirte entre palabras
lo que es costumbre en estas ocasiones:

que estaré bien, que el dolor
sólo será un ave de paso,
que pronto dejará de importar
que alguien sople sobre
tu herida abierta
y sobre mi nombre agrietado,
que mataré al que te remate,
que me haré a un lado y dejará de llover
en tus caminos, y dejarás de caerte
en mis vacíos,
y volverás a ser la dueña de todas las montañas.

Sé que una vez fui suficiente
y ocupé todos tus paisajes.

Sé que me sacaste del agujero y me
llamaste luz

—con estas mismas manos
con las que hoy me devuelves—.

Sé que jugamos a ser
ciegas y supimos volver a casa,
y nada entonces sería capaz de derrotarnos nunca,
pensamos,
ciegas de amor y borrachas de fuego.

Sé que otra casa te habitará y no será
mi abrigo el que descuelgues.
Sé que mi llanto pronto dejará de tener nombre de mar
y este abecedario nuestro se descolgará de las paredes.

Sé que me esperaste
inmersa en tu reloj y en tus deseos,
y no me concediste ni un segundo
cuando el tiempo me adelantó.
Sé que no aparecí,
sé que ya no estabas detrás de la puerta.

Sé que me colocaste enfrente,
que quisiste volver antes de irte,
que te paralizó el miedo
y no supiste hacerlo.

Sé que me fui
antes de ver cómo no volvías,
como también
sé que el vuelo venció al viento.

Sé que no seré capaz de decirte nada
porque me duele esta voz
que ya no te nombra de la misma manera.

Sé que no seré capaz de ponerme delante
porque siempre antepuse tus pies a mi camino,
porque siempre he amado
tu manera de andar por el mundo:
libre de obstáculos,
libre de caídas,
libre de suelos,
libre, ahora, de mí.

Sé que te echaré de menos con los huesos
y el silencio,
que le hablaré a un fantasma de tu carne
hendida en las sombras,
que recorreré con estos dedos desgastados
la silueta de tus huellas,
que no encontraré respuesta a mi pasado
y que nadie sabrá, como hacías tú,
calmar este pinchazo y llevarme al mar en un espejo.

No será tan distinto amarte y olvidarte,
no lo será.

Sé que pronto ya no pasará nada,
que este mar me traerá las mismas olas,
que estas malditas palabras ocuparán cada frase
y pronto no tendré nada que contar
que no hable de esta soledad obligada,

de este agujero inesperado,
de este abandono tuyo tan frío y distante,
de este dolor que me encierra con llave el alma,
de este vacío irreparable donde ya no cabe nadie.

Pero no,
no voy a decirte lo que todo el mundo ya sabe.

La única manera de vaciarse de amor
es llenándose de silencio.

UNO TARDA SU PROPIA VIDA EN COMPRENDER QUE YA NO LE AMAN

Uno tarda su propia vida
en comprender que ya no le aman.

Cuando por fin lo entiende entonces ya es tarde,
los puños se destensan,
el nudo se afianza y se acomoda,
el tiempo pasa lento como el vuelo de esos pájaros
que ya no llegan
y la vida parece un otoño que no termina de romper.

He de aprender a seguir, me repito,
tras esta barrera de barro y recuerdos.
He de hacerlo, me digo,
con las manos llenas de nuestros años.

No lo estoy haciendo mal, amor.
Mi madre me ve reír,
me dejo abrazar por el sol de la calle,
pienso en el mar a cada instante,
pienso en él cuando me ahogo

y respiro, intento respirar, trato de controlar
el aire que me falta a veces
y otras veces lo consigo,
y pienso que te gustaría saberlo.

Sin embargo,
aún me asusta hablar de ti,
ponerte en boca de otros
y no tener ya ganas de besarla.

Estoy rota por dentro y no lo oculto.
Sé que pasará un tiempo hasta que puedas abrazarme
y no se te claven mis pedazos.

Poco a poco voy comprendiendo este peso,
esta carga de nostalgia tremebunda
que nadie logra sostener,
esta tristeza que tú entendiste y acariciaste
hasta que te miró de frente y la soltaste.

No te culpo,
es importante que lo sepas,
sigo creyendo que fuiste un milagro
aunque ya no crea en la fe.

Sé que mi risa es una meta y mi tristeza el camino,
sé que ambas volverán a partir
el mundo de alguien en dos,
pero ahora sólo necesito cuidar de mí misma
y dejarme en las manos del tiempo
que me acompaña siempre.

Porque a veces me río, amor,
y me acuerdo de ti
y pienso que te gustaría saberlo,
que lo echarás de menos,
y entonces un pájaro se para en mi alféizar
y me tiende un ala.

ALGUIEN AHÍ AFUERA CREE EN VOS

Afuera siempre creyeron en vos.

EDUARDO GALEANO,

LA CANCIÓN DE NOSOTROS.

Hoy he leído la historia de un preso
que cada día leía en su celda
la frase que otro había escrito:
«afuera siempre creyeron en vos».

Me he mirado las manos, empañadas de culpa
y vacío.
He notado esta tristeza mía,
furiosa,
cabalgando sobre mi lomo,
hundiéndome en el polvo.

He sentido de nuevo la bola de cemento
que me cuelga del pecho desde hace un tiempo.
Me he dado cuenta de que huir de uno mismo
es correr hacia las cosas que nos dañan.

He acariciado mis heridas,
estos recuerdos que uno llama aprendizaje
y a mí me duelen como el frío,
este frío que uno llama supervivencia
y a mí me duele como la vida.

Sé que no soy más que esto:
viento que llega y que alguien sopla hacia otro lado.

Un pájaro sin alas,
una habitación sin ventanas,
una presa sin celda.

Entonces has entrado
como una brecha de luz hiriendo mi cielo enfermo,
una frase para otro cayendo en mis ojos,
una voz que dice:
«yo creo en ti».

Y he sonreído
como se sonríe a la esperanza, tranquila,
tras estas rejas que a veces abrazo
y he pensado
que la libertad también está
en los ojos de quien te mira cuando tú ya no te ves.

UN OASIS

Ten paciencia conmigo.
Porque el mundo es así, y vengo herido,
ten paciencia conmigo.

LUIS GARCÍA MONTERO

Quizá no quede nada que no sea esta mordaza
o quizá sea este eco de gritos
el que ocupa el aire que nos separa.

Disculpa mi cobardía:
estoy llena de polvo, soy un castillo incendiado
donde hace siglos alguien fue feliz,
y en estos restos que me sustentan no cabe nadie más.

No es que no quiera:
es que he olvidado cómo se hace.

No quiero convertirte en mi espejo,
que mi reflejo te dé la vuelta y te contagie mis heridas,
que mi sonrisa te cuente algo que no dura.
No quiero que te conformes con mis rotos,

que te acomodes en mi tristeza
y aprendas que en las huidas
también se llega a algún lugar.

No quiero que conozcas lo que hay detrás de mí:
un millón de fantasmas descosiéndome la ropa
y la mano de nadie acariciándome la espalda.

Estoy atrapada en una habitación vacía
donde se escucha tu risa en cada momento.

Eres diminuta y afilada,
te llevas el ruido y el silencio a otro lugar,
te pareces a la palabra «instante»
porque no dejas de suceder,
me hablas y veo el mar y aprendo otro abecedario.

Quieres quedarte porque ignoras lo que hay al otro lado
y desoyes mis avisos,
quieres irrumpir como los huracanes
y colocar lo descolocado
porque no hay otra manera de arreglar los desastres.

Quieres llevarme a otro sitio lejos de mí,
quieres prender el tiempo que nos apaga
y trazar una línea de saliva entre mis puentes
y tus saltos.
Quieres colisionar conmigo
y hacer un puzzle con los trozos.

Y me pides respuestas a mí,
que he olvidado las preguntas.
Entonces te miro a mi lado
esperando con los ojos llenos de viento
una historia,
y por un momento se abren las ventanas,
te hago un hueco
y pienso que podría intentarlo,
es decir,
que podría colgarme de la mano que me tiendes
y despertar en otro sitio.

Pero el león se despierta.
Huele mi huida
y me dice:
el silencio nunca te hará daño.

No quiero,
y quiero creer que eso basta.
Quieres,
y quiero creer que eso es suficiente.

LO IMPOSIBLE

De todas las formas de pedirte que te quedes,
a saber,
con los ojos abiertos, con un ramo
fresco en la mañana, con una frase a destiempo
que te convenza de que puedes sentarte al borde
de mis heridas sin miedo a hacerme daño;
es decir,
con la rodilla sobre el césped, la súplica en el dedo,
con la noche que se termina si no respondes a
mi urgencia, con esta valentía mía que promete
hacerte reina del castillo sólo si te quedas,
sólo si te pido que te quedes,
con esta soledad que se llena de tu nombre y me dibuja
cien pájaros en la espalda del color de tus ojos hierba,
de todas estas formas, amor mío,
de pedirte que te quedes conmigo
escojo el silencio
que es el único que sabe cómo pedirte
lo imposible.

LA CASA DE OTRO

¿Siempre estás triste?, me preguntó alguien.
(Siempre es mucho, mucho tiempo)
No podría decirlo, pero…
Si la tristeza fuera un mar, me ahogaría en él.
(Salada y cálida, así es la tristeza)
(Fría, también. A veces)
Y resulta que yo amo el mar.
LYDIANE AUGUSTINUS

¿Quién sería capaz de acostumbrarse a
la tristeza ajena?

¿Quién, en su sano juicio,
aceptaría vivir en las ruinas
de un castillo asaltado
en donde ya no queda nada más que
la espera eterna de otro,
una soledad presa con miedo al abandono?

Soy incapaz de salir de este lugar,
todas estas ventanas están sucias,

todos los recuerdos llenan de polvo mis ojos,
todos los días pasan tan despacio
que parece que los vivo dos veces.

Perdóname si no abro la puerta.

Este dolor, lo único que tengo,
es lo que me recuerda que sigo viva.

ÍNDICE